LE DÉLAI-CONGÉ

AU CONSEIL SUPÉRIEUR DU TRAVAIL

PAR

A. ARTAUD

MEMBRE DU CONSEIL SUPÉRIEUR DU TRAVAIL

(Extrait de la *Revue Populaire d'Économie Sociale*, novembre 1905.)

Prix : 1 franc.

SOCIÉTÉ D'ÉCONOMIE POPULAIRE
29, rue de Turin, Paris, 8e

LE DÉLAI-CONGÉ

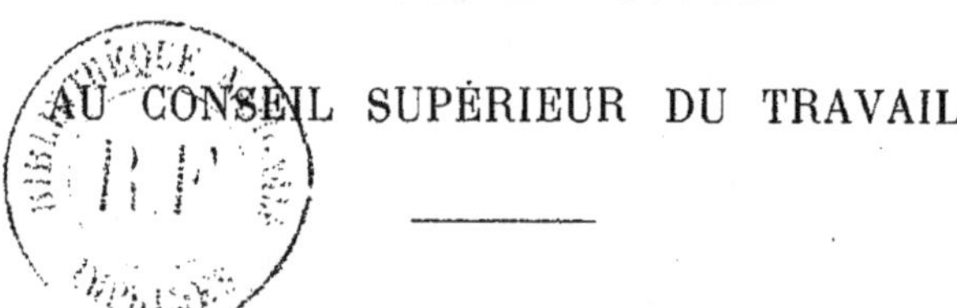

AU CONSEIL SUPÉRIEUR DU TRAVAIL

On sait qu'il est d'usage, dans la plupart des professions, que le patron et l'ouvrier se préviennent mutuellement un certain temps d'avance de leur intention de rompre le contrat de travail qui les lie. Cette période de temps qui doit s'écouler entre la dénonciation du contrat et la cessation effective du travail est connue sous le nom de *délai-congé*. Le patron ou l'ouvrier qui n'observe pas le délai-congé *peut* être condamné à des dommages intérêts.

Ainsi le délai-congé présente deux questions distinctes : le *préavis* ou délai de prévenance à observer, — le *brusque renvoi* avec l'indemnité y afférente s'il a été fait sans motif légitime et s'il y a eu préjudice. Tels sont les deux points que devra envisager le législateur s'il veut réglementer efficacement le contrat de travail. C'est à ce double point de vue que s'est placé le Conseil supérieur du travail en étudiant durant deux sessions (juin et novembre 1905), à propos du délai-congé, les modifications à apporter à l'article 1780 du Code civil ainsi conçu : « On ne « peut engager ses services qu'à temps et pour une entreprise « déterminée. Le louage de services fait sans détermination de « durée peut toujours cesser par la volonté d'une des parties « contractantes. Néanmoins, la résiliation du contrat par la « volonté d'un seul des contractants peut donner lieu à des « dommages-intérêts. »

I

En 1903, diverses organisations ouvrières et plusieurs Conseils des prud'hommes se plaignirent auprès du Ministre du Commerce des dérogations apportées aux usages en matière de délai-congé par certains règlements d'atelier, dont quelques-uns mêmes supprimaient tout délai-congé. Le Ministre ouvrit une enquête auprès des Conseils des prud'hommes : 147 Conseils sur 162 y répondirent, et leurs réponses, communiquées à la Commission permanente du Conseil supérieur du travail, furent l'objet d'un rapport, lequel, discuté par le Conseil supérieur dans sa session de novembre 1903, aboutit au vote de principe suivant :

« Le Conseil supérieur du travail,

« Attendu qu'il résulte tant de l'enquête faite par le Ministre du Commerce que des observations particulières de chacun que le délai-congé est un usage général et traditionnel en matière de résiliation de contrat de louage de service ou de travail à durée indéterminée ; est d'avis :

« Que cet usage est fondé sur l'intérêt réciproque des contractants ; sur l'intérêt collectif des groupes professionnels et sur l'intérêt général de l'industrie et du commerce ; qu'il répond à une nécessité d'ordre public et de paix sociale ;

« Qu'il ne doit en conséquence, pouvoir y être dérogé que dans les limites et dans les formes déterminées par une loi :

« Qu'il ne saurait y être dérogé par des règlements d'atelier qui, dans les conditions où ils sont établis actuellement en France ne présentent pas les garanties de conventions collectives entre patrons et ouvriers ;

« Qu'il ne saurait être dérogé, tant à cet usage qu'aux formes et conditions qui l'entourent, par des conventions individuelles, celles-ci ne pouvant ordinairement résulter que d'un abus de pouvoir initial de la part de l'entrepreneur ou du chef d'établissement, en même temps que de la faiblesse morale ou du dénuement physique de l'ouvrier ou de l'employé en quête de travail ; que, par conséquent, une telle dérogation doit être considérée comme illicite, nulle et de nul effet. »

On peut voir par ce vœu dont nous avons tenu à reproduire les termes parce qu'ils sont caractéristiques, que le Conseil supérieur ne paraissait pas alors enclin à bouleverser entièrement l'article 1780 ni à revenir sur la loi du 27 décembre 1890 qui l'avait introduit dans notre Code. Il se préoccupait surtout de poser en principe le délai-congé obligatoire, sans dérogations possibles. Mais comme affirmer ce principe était ruiner l'économie du contrat de louage, lequel repose sur la liberté des conventions, le Conseil fut amené à élaborer une véritable loi nouvelle, visant non seulement le délai de préavis, mais la rup-

ture du contrat de travail en général, ses causes et ses conséquences. Ainsi une simple modification d'un article du Code civil
devait aboutir à l'élaboration d'une loi de protection ouvrière.
C'était inévitable. La question du délai-congé, de juridique qu'elle
était, est devenue par le fait des circonstances et des conditions
actuelles du travail, une question d'ordre social.

II

C'est dans ces conditions que le Conseil supérieur du travail
était appelé à étudier, dans sa session extraordinaire de juin
1905, le projet élaboré par sa Commission permanente. Ce projet
était ainsi conçu :

Article premier. — L'article 1780 du Code civil, complété par
l'article 1er de la loi du 27 décembre 1890, est modifié ainsi qu'il
suit :

Article 1780. — 1° On ne peut engager ses services qu'à temps
ou pour une entreprise déterminée ;

2° Le louage de services fait sans détermination de durée peut
toujours cesser par la volonté d'une des parties contractantes ;

3° Toutefois, sauf dans les cas prévus aux paragraphes ci-après,
la partie qui prend l'initiative de la résiliation doit prévenir
l'autre partie, soit une semaine au moins à l'avance, s'il s'agit d'un
ouvrier ou d'un serviteur, soit un mois au moins à l'avance s'il
s'agit d'un employé ;

4° Cette disposition n'est pas applicable au cas où le louage
de services serait résilié avant l'expiration d'une période égale à
une semaine s'il s'agit d'un ouvrier ou d'un serviteur, à un mois,
s'il s'agit d'un employé. Elle ne s'applique pas, en outre, lorsque la résiliation résulte d'un cas de force majeure ou d'un
motif grave ;

5° Les délais ci-dessus fixés pourront être soit augmentés, soit
réduits, soit supprimés pour une profession, une spécialité pro-
fessionnelle ou un établissement déterminé, notamment en ce
qui concerne les industries où l'usage du délai-congé n'existe
pas, tel que le bâtiment dans la région parisienne, par des conventions particulières ou par voie de règlement d'atelier affiché
dans les salles et déposé au greffe du Conseil de prud'hommes
ou de la justice de paix, quinze jours avant son entrée en vigueur ;

6° La partie qui n'a pas observé le délai visé par les dispositions précédentes est tenue envers l'autre partie à des dommages-intérêts égaux au salaire afférent au délai qui devrait être
observé, sans que l'insaisissabilité du salaire puisse être opposée
dans le cas où le Parlement déciderait que le salaire sera insai-
sissable ;

7° Ces dommages et intérêts ne se confondent pas avec ceux auxquels peut donner lieu, en outre, la résiliation du contrat, *sans cause légitime*, par la volonté d'une des parties contractantes ;

8° La preuve des motifs légitimes sera à la charge de la partie qui a rompu le contrat;

9° Pour la fixation de l'indemnité à allouer, dans ce dernier cas, il est tenu compte des usages, de la nature des services engagés, du temps écoulé, des retenues opérées et des versements effectués en vue d'une pension de retraites, et, en général, de toutes les circonstances qui peuvent justifier l'existence et déterminer l'étendue du préjudice causé;

10° L'indemnité due par le patron en cas de renvoi sans motif légitime ne pourra être inférieure à une journée de salaire on traitement pour chaque mois de service ; toutes réserves faites pour les droits résultant de la privation d'une pension de retraite. ou des autres circonstances prévues au paragraphe 9;

11° Les parties ne peuvent renoncer à l'avance au droit éventuel de demandes des dommages-intérêts en vertu des dispositions du présent article ;

12° Les contestations auxquelles pourra donner lieu l'application des paragraphes précédents lorsqu'elles seront portées devant les tribunaux civils et devant les Cours d'appel, seront instruites comme affaires sommaires et jugées d'urgence.

Article 2. — La présente loi sera applicable un an après sa promulgation au *Journal officiel*.

Tel était le projet élaboré par la Commission permanente. On verra par la suite quelles modifications essentielles y apporta le Conseil supérieur.

La discussion s'ouvrit le 26 juin par un exposé général du rapporteur, M. Manoury, délégué des Associations ouvrières de production, lequel n'hésita pas à déclarer que, ce projet « né de concessions réciproques, ne donnait satisfaction ni aux patrons ni aux ouvriers ». Ces derniers lui reprochaient de laisser subsister les règlements d'atelier, tandis que les premiers l'accusaient de pousser au contrat de travail et de là au contrat collectif.

De cela, du reste, les partisans de la réglementation ne s'en cachaient pas, et affirmaient avec M. Jay, professeur à la Faculté de Droit, que la réforme du délai-congé aurait pour effet de faire cesser l'instabilité du régime du travail, — instabilité que tout le monde déplore et qui est la vraie cause du chômage — en assurant la permanence des engagements. Et M. Isaac, président de la Chambre de commerce de Lyon, de répondre en invoquant les principes de l'école libérale : « Laissons aux usages le soin d'intervenir. Pourquoi une loi de réglementation ? Le délai-congé est tout simplement une pratique à recommander et à encourager partout où elle est possible et inoffensive. »

Ainsi deux opinions se manifestaient très nettement distinctes parmi les membres patrons du Conseil : les uns, avec M. Isaac, estimaient qu'une loi était inutile tandis que la majorité reconnaissait que la loi devait au contraire poser les principes du délai-congé obligatoire. « Il faut, disait M. Darcy, président du Comité des Houillères de France, encore plus de ménagements pour priver un homme de son pain que de son toit. » Mais tous furent d'accord pour demander que la durée du délai de prévenance pût être déterminée par un règlement d'atelier « s'il est justifié que les ouvriers et employés, anciens et nouveaux, ont reçu communication écrite du règlement ».

C'était précisément remettre en question ce qui faisait le fond même du débat. En effet, la question n'était venue devant le Conseil qu'à la suite des abus reconnus des règlements d'atelier et parce que la Cour de cassation considérait comme licites les conventions et règlements ayant pour objet de restreindre ou de supprimer le délai-congé.

Les conseillers ouvriers ne pouvaient admettre cette restriction. Après avoir réclamé énergiquement l'intervention de la loi, seule efficace pour rendre obligatoire l'usage du délai-congé et pour en assurer le respect, ils s'élevèrent contre les règlements d'atelier et déposèrent une motion préjudicielle portant « que le délai-congé devait être la règle dans le louage de services sans qu'il puisse y être dérogé par voie de convention particulière ou par règlement d'atelier. » Cette motion ne fut pas mise aux voix, le Conseil ayant décidé par 26 voix contre 18 de passer à la discussion des articles du projet de la Commission.

III

Ce projet, on l'a vu plus haut, contenait deux parties distinctes : l'une ayant trait au délai-congé proprement dit, l'autre réalisant à propos de la rupture, une véritable réforme du contrat de louage. Les conseillers patrons étaient généralement disposés à discuter la première mais non la seconde. Et c'est pour-

quoi M. Darcy déposa en leur nom, un contre-projet limité
à la question du délai-congé tel que l'établit l'article 1780. Ce
contre-projet, qui reproduisait dans ses grandes lignes le texte
de la Commission, en différait néanmoins sur un point essen-
tiel. On y lisait : « L'obligation du préavis n'est pas applicable...
... si les parties ont déclaré expressément s'en exonérer par
convention écrite en conformité d'usages professionnels ou
locaux reconnus constants. »

Combattue par M. Jay, par le rapporteur, M. Manoury, et par
plusieurs des membres ouvriers, notamment MM. Briat, Besse,
Coupat, Artaud, Moreau, cette tentative de transaction fut
repoussée par 24 voix contre 6.

Tour à tour le Conseil adopte les trois premiers paragraphes
du projet de la Commission légèrement modifiés :

Article premier. — L'article 1780 du Code civil, complété par
l'article 1er de la loi du 27 décembre 1890 est modifié ainsi qu'il
suit :

1. On ne peut engager ses services qu'à temps ou pour une
entreprise déterminée.

2. Le lonage de services fait sans détermination de durée
peut toujours cesser par la volonté d'une des parties contractantes.

3. Toutefois, sauf dans les cas prévus aux paragraphes ci-
après, la partie qui prend l'initiative de la résiliation doit prévenir l'autre partie, soit une semaine au moins à l'avance, s'il
s'agit d'un ouvrier ou d'un serviteur, soit un mois au moins,
s'il s'agit d'un employé ou d'un ouvrier assimilé à un employé.

Le renouvellement continu du contrat de travail à durée
déterminée soumet les parties à l'obligation du délai-congé
dans les limites des dispositions de la présente loi.

Ce dernier alinéa donne lieu à une intéressante discussion
provoquée par M. Lefèvre, typographe et conseiller prud'homme.
Celui-ci fit observer que le projet ne s'appliquant qu'aux contrats
à durée *indéterminée*, les patrons que la loi gênera, seront
tentés d'y échapper en ne passant avec leurs ouvriers que des
contrats de durée déterminée. Or cette durée pourrait être d'un
seul jour. Il était donc nécessaire de fixer dans quelles conditions un contrat à durée déterminée devenait l'équivalent du
contrat à durée indéterminée et soumettait les parties à l'obligation du délai-congé. L'article 3 dispose sans fixer de durée
quand il y a *renouvellement continu*.

De même il était indispensable d'envisager les *périodes dites d'essai*, pendant lesquelles, évidemment, l'obligation du délai-congé ne pouvait s'appliquer rigoureusement. Quelques membres ouvriers réclamaient la suppression de cette période d'essai; d'autres demandaient qu'elle ne fût pas imposée à l'ouvrier mais réservée à son consentement. M. Coupat, secrétaire de la Fédération des Mécaniciens, défendit la période d'essai fixée, dans la profession qu'il représente, à une semaine. « Il est difficile, dit-il, de donner en quelques heures la mesure de ses aptitudes. » Un autre membre ouvrier, notre collègue Selve, du Syndicat des bonnetiers, ajouta très justement: « Lorsqu'on s'occupe des intérêts de la classe ouvrière, il ne faut s'occuper que de ses intérêts généraux car ses intérêts particuliers sont parfois très variés. »

Aussi le Conseil agit-il sagement en votant le maintien des périodes d'essai fixées ainsi qu'il suit :

« 4. L'obligation du délai-congé n'est pas applicable au cas où le louage de services serait résilé avant l'expiration d'une période égale à une quinzaine, s'il s'agit d'un ouvrier ou d'un serviteur, à un mois, s'il s'agit d'un employé. Elle ne s'applique pas, en outre, lorsque la résiliation résulte d'un cas de force majeure ou d'un motif grave. »

IV

La grève est-elle une rupture du contrat du louage?

Du moment où l'on examinait les cas de force majeure où le délai-congé pouvait n'être pas applicable, on devait fatalement envisager la situation créée aux parties contractantes par ce cas de force majeure qu'est la grève.

M. Briat, délégué des Bourses du Travail, posa la question en ces termes :

« La grève n'étant qu'une suspension et non une rupture du contrat de travail, le délai de prévenance n'est pas obligatoire. »
Il la soutint ainsi :
« La loi du 27 décembre 1892 sur la conciliation et l'arbitrage dispose, dans son article 10, que le juge de paix peut, en cas de grève, appeler les parties devant lui pour essayer une tentative de conciliation, dans l'intérêt général.
« Si donc, à la suite d'une déclaration de grève, le patron peut

être appelé en conciliation avec les ouvriers, il faut admettre qu'il n'y a pas eu rupture du contrat de louage de services, qu'il n'y a eu qu'une suspension de ce contrat, qu'un désaccord intervenu entre les ouvriers et le patron, et que, dans ces conditions, il ne peut pas être question du délai de prévenance.

« D'ailleurs, si l'on obligeait les ouvriers au délai de prévenance en cas de grève, ce serait la suppression de la grève, surtout lorsqu'elle est la conséquence d'un changement introduit dans les conditions du travail par le patron... »

A cette théorie de la grève-suspension du contrat, M. Heurteau directeur de la C^{le} d'Orléans, répondit par la doctrine de la Cour de cassation. Il cita les arrêts : du 18 mars 1902 : « la grève, quelque légitime qu'en soit l'exercice, ne laisse pas moins les parties dans les liens de l'engagement qu'elles ont pris d'observer entre elles les délais d'usage », — du 4 mai 1904 : « la grève met fin au contrat de travail du fait des ouvriers et peut donner lieu à des dommages et intérêts à la charge de ceux-ci et au profit du chef de l'entreprise si, préjudiciable à ce dernier, ollo a été abusivement déclarée. »

Et M. Heurteau d'invoquer l'exemple suivant :

« Vous avez avec votre propriétaire un bail d'après lequel il ne peut vous renvoyer de chez lui ou augmenter votre loyer qu'à la condition de vous prévenir dans un certain délai. Pensez-vous qu'il puisse vous demander une augmentation et si vous ne l'acceptez pas, vous mettre sur le pavé en vous disant : « Je ne « résilie pas mon bail, je le suspens ! »

« D'ailleurs, comment définir la grève ? On a dit que c'était une rupture collective et concertée du contrat. Collectif, mais du fait de combien d'ouvriers ? Il ne faut pas céder à la tentation de trancher par des coups de force des questions qui doivent être réglées par le juge. »

Après avoir revendiqué pour le législateur le droit de modifier la jurisprudence lorsque celle-ci lui paraît fâcheuse, M. Raoul Jay constate combien paraît difficile à solutionner la question en discussion. Ce sont là questions d'espèces aboutissant dans chaque cas à une interprétation de volonté :

« D'une façon générale, dit-il, toutes les fois que la grève aura pour but d'obtenir l'exécution loyale du contrat, il sera impossible de la considérer comme une rupture. Mais même lorsque des modifications au contrat de travail sont demandées, les patrons et les ouvriers ne paraissent souvent pas considérer

la grève comme une rupture du contrat. En fait, il arrive que,
les négociations entamées, le contrat de travail continue à pro-
duire des effets : par exemple, un certain nombre d'ouvriers
continuent à travailler, avec l'autorisation, on pourrait presque
dire avec le mandat de leurs camarades, pour maintenir en état
l'usine, pour éviter que son fonctionnement futur ne soit
sérieusement compromis par l'arrêt du travail. »

M. Jay est persuadé, du reste, que l'avenir est aux grèves
patronales. Dans les pays où les organisations patronales et
ouvrières sont le plus développées, en Allemagne, en Amérique,
en Angleterre, le lock-out est la forme ordinaire des conflits. Il
semble par conséquent dangereux d'enlever aux syndicats
ouvriers les armes que le droit commun leur fournit et que
l'obligation du délai-congé leur imposera.

M. Isaac veut au contraire qu'on applique le délai-congé en cas
de grève. Si on réclame le délai-congé c'est pour donner plus de
fixité au travail, plus d'assurance aux travailleurs et plus de
confiance aux industriels. Rien n'est plus nuisible aux intérêts
des uns et des autres que la grève. Et d'ailleurs, il est une
question qui domine les autres, c'est l'intérêt même de notre
industrie nationale. Si l'on veut éviter des grèves déclarées à
la légère et des secousses profondes il faut maintenir l'obligation
du délai-congé en cas de grève.

Pour M. Touron, sénateur de l'Aisne, la grève est toujours une
rupture du contrat de travail. Ce n'est pas une question d'intention mais une question de fait. Sans doute, la grève peut être
légitime ou illégitime suivant les espèces, mais il est indéniable
que la rupture existe.

Cette affirmation est des plus contestables. Deux faits suffi-
raient à prouver que le plus souvent les grèves ne sont pas
considérées, par les patrons eux-mêmes, comme une rupture
de contrat. Souvent, en effet, des patrons adressent à leurs
ouvriers des lettres individuelles leur disant que s'ils n'ont pas
repris le travail dans un délai déterminé le contrat sera rompu
et ils ne feront plus partie du personnel. En outre, il arrive
fréquemment dans les mines, les hauts-fourneaux, que les
ouvriers grévistes délèguent une partie d'entre eux pour entre-
tenir la mine ou le haut-fourneau pendant la grève. Il serait
illogique de penser que le patron considère le contrat comme

rompu alors qu'il continue à avoir recours aux services de ses ouvriers. Il y a donc des cas certains où la grève est une suspension du contrat de travail et non une rupture. Un ouvrier qui, le jour même de la déclaration de grève, va s'embaucher dans une autre usine ou même dans une autre région, brise évidemment son engagement. Devra-t-on le faire revenir à la reprise du travail pour faire les huit jours qu'il doit à l'usine avant d'être libéré? D'autre part, un ouvrier ne cherche pas à s'embaucher ailleurs, il souffre de misère pendant de longs jours afin de lasser le patron et de ne retourner au travail qu'avec un salaire accru ; il est évident que pour lui, la grève n'a été qu'une suspension de contrat, qu'il n'a cessé le travail non pour rompre son engagement, mais pour en améliorer les conditions.

C'est ce que fit ressortir avec netteté M. FONTAINE, directeur du Travail, en indiquant combien il était difficile, sinon impossible, de décider dans un texte de loi si la grève est ou non une rupture du contrat :

« Si une loi nouvelle, dit-il, édictait qu'en principe et toujours le contrat de travail n'est que suspendu en temps de grève, on arriverait à des conséquences incompatibles avec la nature même de certaines industries et on serait amené à prévoir des corvées obligatoires, des travaux obligatoires en temps de grève... »

M. Briat reconnut volontiers que la question soulevée était de solution difficile : « Si j'ai déposé, dit-il, un texte si précis, c'est que l'arrêt de la Cour de cassation lu par M. Heurteau me paraissait tendre à déclarer que toutes les grèves étaient une suspension de travail. Si on peut trouver une formule qui permette de préciser dans quelles conditions la grève est une suspension de travail et dans quelles conditions elle est une rupture du contrat, je suis prêt à m'y rallier. »

Cette formule, M. Manoury, rapporteur, la présente sous la forme de l'amendement suivant :

« La grève résultant de la non exécution des conditions convenues entre employeurs et employés ou de la non-application des lois ouvrières, et, en matière de travaux publics donnés à l'adjudication, des dispositions des décrets du 10 août 1899 est une suspension de travail qui n'oblige pas au délai-congé. »

M. Briat retira aussitôt sa proposition pour s'associer a celle de M. Manoury, mais M. Guérard ayant repris à son compte la proposition Briat, celle-ci fut adopté par 19 voix contre 18.

Ce vote, dans la pensée de la plupart de ceux qui l'ont émis, a une portée théorique plutôt que pratique. Il exprime l'opinion d'une majorité. Mais il y a tout lieu de craindre que ni le législateur ni même la jurisprudence ne s'en inspirent et que longtemps encore les tribunaux n'interprètent les grèves comme des questions d'espèces où il faut, comme le constataient MM. Jay et Fontaine, tenir compte et des circonstances et de la volonté des parties.

V

Les dérogations au délai-congé.

Reprenant le texte de la commission, le Conseil supérieur adopta par 19 voix contre 14 la disposition suivante :

« Pendant la période du délai-congé, l'ouvrier ou employé disposera de deux heures au moins par jour pour chercher du travail ».

Puis il aborda l'importante question des dérogations nécessaires au principe du délai-congé.

Qui établirait ces dérogations ?

Le règlement d'atelier ? Les patrons eux-mêmes y avaient renoncé. Des conventions particulières ? Les ouvriers s'y refusaient avec raison puisqu'en fait c'est le patron qui, seul presque toujours, dicte les conventions d'atelier ou de magasin.

Aussi étaient-ils, pour la plupart, opposés par principe à toute dérogation.

Un amendement de MM. Selve, Artaud, Lepers, indiquait bien cette préoccupation. Il disposait :

« Le délai-congé doit être la règle dans le louage de services sans qu'il puisse y être dérogé par voie de convention particulière ou par règlement d'atelier ».

Le Conseil n'admit pas cet amendement qui constituait en quelque sorte une motion préjudicielle. Il estima que des dérogations étaient indispensables et qu'il importait seulement de régler les conditions dans lesquelles s'établiraient ces dérogations.

M. Jay voulait que la décision fût prise par deux majorités séparées, celle des patrons et celle des ouvriers de la profession et enregistrée par le Conseil des Prud'hommes, ceux-ci ne faisant que constater qu'il y a eu concordance entre les deux scrutins isolés.

M. Isaac, au nom des patrons, préférait au contraire le texte de la Commission qui maintenait les dérogations par voie de convention ou de règlement d'atelier, exigeant seulement que ces conventions fussent déposées au greffe du Conseil des Prud'hommes et affichées quinze jours avant leur entrée en vigueur.

Après une très intéressante discussion tous les amendements se fondirent en un seul de MM. Guérard et Jay ainsi conçu :

« 5. Les délais prévus à l'article 3 pourront être modifiés par décision des intéressés, patrons et ouvriers se prononçant dans des scrutins séparés.

« Le conseil des prud'hommes, ou, à son défaut, le juge de paix, enregistreront cette décision qui servira désormais de règle pour la solution des conflits relatifs au délai-congé »,

Ce texte qui remplaçait le § 5 du projet de la Commission fut voté par 21 voix contre 18.

La session extraordinaire étant achevée, le Conseil supérieur dut attendre sa session ordinaire de 1905 pour terminer l'étude du projet soumis à ses délibérations. La discussion reprit donc le 3 novembre. Après un rapide exposé du rapporteur M. Manoury pour préciser l'état de la question, le Conseil adopta sans grand débat l'article 6 du projet légèrement modifié :

« 6. La partie qui n'a pas observé le délai visé par les dispositions précédentes est tenue envers l'autre partie à des dommages-intérêts égaux au salaire afférent au délai qui devait être observé. »

Puis en ayant ainsi fini avec la question du *préavis*, le Conseil aborda celle plus délicate, plus combattue, du *brusque renvoi*. Dans quels cas l'ouvrier congédié sans motifs légitimes, même avec observance du délai-congé, aurait-il droit à des dommages-intérêts?

La question était importante.

Que fallait-il entendre, tout d'abord, par *motifs légitimes*?

Lors de la discussion de la loi du 27 décembre 1890, M. Yves

Guyot disait à la Chambre : « Lorsque les tribunaux auront à interpréter l'article 1er, ils n'examineront pas seulement la question de la brutalité, de la rapidité du renvoi ou celle de savoir si ce renvoi n'est pas conforme aux usages de l'industrie et à la légalité, mais toujours il y aura lieu de leur part à une certaine appréciation de la *légitimité* des motifs qui auront provoqué la résiliation du contrat ».

Néanmoins le législateur de 1890 n'introduisit pas dans la loi les mots : *sans motifs légitimes* et la Cour de cassation (1), dans une série d'arrêts, laissa le fardeau de la preuve des motifs légitimes non pas au patron mais à l'ouvrier, alors même que ce dernier était la victime de la rupture du contrat. La loi du 27 décembre 1890 se borne à dire : « Néanmoins la résiliation du contrat par la volonté d'un seul des contractants *peut* donner lieu à des dommages-intérêts ».

Ainsi en vertu de la loi un patron peut congédier un ouvrier ayant dix, vingt ou trente ans de présence non seulement sans lui devoir la plus petite indemnité, mais encore sans même avoir à lui faire connaître le motif du renvoi. Ce renvoi peut être abusif au plus haut degré, le patron n'a pas à s'en expliquer devant le juge. C'est à l'ouvrier à apporter la preuve qu'il a été injustement renvoyé et qu'il a de ce fait subi un préjudice. On voit la difficulté presque insurmontable que présente, dans ces conditions, pour l'ouvrier congédié, l'administration de la preuve qui doit lui donner droit à une indemnité.

Ajoutez en outre, que le pouvoir du juge est souverain et qu'en fait la jurisprudence actuelle valide généralement tous les motifs de renvoi : l'ouvrier peut être congédié, alors même que son service est irréprochable, s'il a subi une condamnation réformée en appel, s'il a été renvoyé devant la Cour d'assises qui l'a acquitté, s'il a été l'objet d'un non-lieu, si ses appointements ont été saisis. Même le soupçon d'une grossesse, une absence n'ayant causé aucun préjudice au patron sont des motifs légi-

---

(1) « Attendu, dit un arrêt du 8 mars 1898, que *l'ouvrier* congédié brusquement par le patron auquel le liait un contrat de louage de services fait sans détermination de durée, ne peut, en l'absence de convention ou d'usage contraire, obtenir des dommages-intérêts que s'il prouve, en même temps que le préjudice qui lui a été causé, la faute que le *patron* aurait commise en abusant du droit qui lui appartient de résilier le contrat par sa seule volonté... »

times de renvoi. L'étude de la jurisprudence permet de constater que presque toujours la rupture dont les motifs sont estimés légitimes émane du patron et que très rarement l'ouvrier congédié se voit allouer des dommages-intérêts.

On comprendra donc que les membres ouvriers du Conseil supérieur aient apporté tous leurs efforts à modifier une situation aussi contraire à l'équité. Ils demandèrent que le fardeau de la preuve n'incombât plus au plus faible, à l'ouvrier congédié, mais que le patron fût tenu au contraire de faire connaître le motif qui l'obligeait à se séparer de son ouvrier. Ils demandèrent aussi qu'une indemnité fût acquise de plein droit lorsque le renvoi avait été fait sans cause.

M. Heurteau au nom des patrons proposa le *statu quo*, la législation actuelle lui paraissant suffisante pour garantir les droits de chacun. « Le juge doit exercer son pouvoir souverain d'appréciation. Au surplus, en obligeant la partie qui rompt le contrat à faire la preuve que le renvoi est légitime, vous l'obligerez à déclarer au juge la cause exacte du renvoi de l'ouvrier ». Et M. Darcy d'ajouter : « Comme c'est le plus souvent l'employé qui est congédié, le patron se verra dans l'obligation d'avouer au Tribunal qu'il a congédié son employé pour vol ou un motif infamant. Vous fermerez ainsi à cet employé la porte d'une maison et le mettrez peut-être dans l'impossibilité de retrouver une situation ». — A quoi on répondit : « Qu'importe ! Si le motif allégué pour le renvoi est justifié, si l'employé est vraiment coupable, tant pis pour lui. Nous ne faisons pas une loi pour protéger les indélicats. Mais nous voulons empêcher que, sous prétexte d'une apparente discrétion, on congédie des ouvriers sans motifs sérieux, démontrés et avouables ». Et le Conseil, par 28 voix contre 24, repoussa l'amendement de M. Heurteau.

Un amendement de M. Touron, disposant que « la résiliation du contrat peut donner lieu à des dommages-intérêts, indépendamment de l'indemnité pour inobservation du délai congé » fut également repoussé par 28 voix contre 25. Il est vrai que du côté ouvrier M. Guérard ne fut pas plus heureux : son amendement ayant pour objet « d'accorder des dommages-intérêts à l'ouvrier s'il n'y a pas eu *faute* de sa part » fut rejeté par 28 voix contre 17.

Enfin après trois séances de discussion l'accord s'établit sur a formule suivante présentée par un patron, M. Isaac, et votée à l'unanimité :

« Ces dommages (les dommages intérêts relatifs au délai-congé) ne se confondent pas avec ceux auxquels peut donner lieu, en outre, la résiliation abusive du contrat par la volonté d'une des parties contractantes ; le Tribunal, pour apprécier s'il y a abus, pourra faire une enquête sur les circonstances de la rupture ».

D'après ce texte le juge n'est pas tenu de faire une enquête. M. Moreau, du Syndicat des Transports, proposa d'y ajouter que cette enquête serait obligatoire lorsqu'elle serait demandée par l'une des parties en cause. Cette proposition fut écartée par 24 voix contre 24. Mais le Conseil comprit qu'il y avait lieu néanmoins de ne pas laisser le juge maître absolu de sa décision et il adopta à l'unanimité moins une abstention le texte suivant proposé par MM. Arthur Fontaine, directeur du Travail, et Mussat, ingénieur, délégué du Ministre des Travaux publics :

« Il (le Tribunal) devra, en tous cas, demander à la partie qui a rompu le contrat les motifs de la rupture ». Ce n'est plus l'enquête obligatoire, mais c'est l'obligation pour la partie qui congédie d'indiquer les motifs du congédiement.

C'est le *renvoi motivé* remplaçant le renvoi sans cause. Et cette restriction apportée au droit de congédiement constitue une modification essentielle au contrat de louage qui sera incontestablement pour l'ouvrier une sérieuse garantie.

VI

Calcul de l'indemnité. — L'Employé et le délai-congé.

Le principe de l'indemnité étant admis, il fallait inscrire dans la loi un moyen en quelque sorte automatique de calculer le montant de cette indemnité. Jusqu'alors le juge était libre d'accorder ou non une indemnité à l'ouvrier ou à l'employé congédié abusivement. Et lorsqu'il accordait cette indemnité il pouvait, à son gré, en déterminer le quantum, lequel ne correspondait pas toujours au préjudice causé. Cette question remit une fois de plus en présence les partisans du libéralisme orthodoxe et de la protection légale.

« Vous n'allez pas sans doute, disait M. Heurteau, énumérer dans une loi, tous les cas où le renvoi sera légitime et ceux où il ne le sera pas, ni indiquer quelle somme sera due dans un cas, et quelle somme sera due dans l'autre; ce ne sera plus alors une indemnité mais une amende ». — « Vous faites du juge un distributeur automatique, disait M. Isaac, mieux vaut s'en rapporter à sa sagesse et à son esprit de justice ».

A quoi les membres ouvriers répondirent : « Nous voulons fixer un minimum d'indemnité basé autant que possible sur la nature et la durée des services engagés. Nous croyons utile d'indiquer au juge les éléments dont il devra tenir compte pour apprécier équitablement le dommage causé. Nous n'innovons pas. Les lois autrichienne, hongroise, allemande, russe, belge, indiquent expressément les cas principaux où légalement le renvoi serait abusif et elles protègent le juge contre sa propre faiblesse en guidant son appréciation. »

Il est certain que le préjudice ne peut être le même pour tous : il varie avec la situation acquise, avec l'âge, le temps passé dans la maison, les avantages obtenus, etc. Et à ce point de vue, il faut bien reconnaître que si le congédiement est terrible pour l'ouvrier, il l'est davantage encore pour l'employé.

Plus que lui, en effet, il souffre du chômage qui suit le congédiement. Il n'a pas l'outil protecteur qui assure l'emploi du lendemain. Trop souvent il ne vaut que par l'ancienneté, parce qu'il a gravi un à un les échelons, qu'il connaît tous les rouages du commerce où il travaille. Tel comptable, tel chef de rayon dont les appointements sont élevés sera très heureux de trouver, après des mois de chômage, une place nouvelle à 150 ou 200 francs par mois. Il n'y a pas pour l'employé de tarif établi, de salaire minimum comme chez la plupart des ouvriers. Il n'est pas, comme l'ouvrier, justiciable des Prud'hommes mais bien de la justice commerciale où il est jugé par ses patrons eux-mêmes ou par les tribunaux civils où la justice est longue et coûteuse. Pour lui, plus que pour l'ouvrier, incontestablement, le préjudice du renvoi est certain, réel, profond.

Et c'est pourquoi le Conseil supérieur, quelque légitime que fût son souci de faire une loi égale pour tous, devait reconnaître que l'employé, par sa situation particulièrement précaire, par la nature de ses engagements, l'importance actuelle de son rôle économique et social, méritait de bénéficier d'une protection légale plus étendue que l'ouvrier. Le Conseil l'avait admis puisqu'il avait fixé à un mois le délai de préavis pour l'employé alors qu'il jugeait un délai de huitaine suffisant pour l'ouvrier à la journée. Il devait aller jusqu'au bout et, reconnaissant qu'à une situation spéciale il fallait une réglementation particulière, il pouvait sans léser aucun intérêt ouvrier, admettre la nécessité de protéger efficacement l'employé contre les conséquences du brusque renvoi.

Nous le demandâmes, mon collège Besse et moi, par l'amendement suivant :

« L'indemnité due par le patron en cas de renvoi sans motif légitime ne pourra être inférieure :

« 1° Pour les ouvriers et gens de service à une journée de salaire pour chaque mois de travail;

« 2° Pour les ouvriers au mois, à un mois de traitement pour chaque année de services dans la même maison ;

« 3° Pour les commis-voyageurs, courtiers, placiers, représentants et *autres salariés en partie par des commissions ou remises proportionnelles*, l'indemnité sera calculée, outre leurs appointements fixes, sur la moyenne des remises, gueltes et commissions allouées pendant l'année immédiatement précédente.

« Toutes réserves faites pour les droits résultant de la priva-
« tion d'une pension de retraites, auquel cas le remboursement
« s'opérera de droit de toutes sommes versées à cet effet ».

Notre amendement était précis : il avait pour seul objet de guider le juge dans son appréciation du préjudice, de lui indiquer quels éléments nécessaires devaient entrer dans l'évaluation de l'indemnité pour que celle-ci fût équitable. Nous eûmes contre nous les partisans de l'initiative privée c'est-à-dire du laissez-faire, ceux qui estiment qu'on ne doit pas violenter la conscience d'un juge mais s'en rapporter à son *omniscience*. Mais nous eûmes aussi, — et ce fut, je l'avoue, une vraie tristesse pour nous qui ne leur avions jamais marchandé les preuves de solidarité — alors même parfois qu'il s'agissait de votes contraires à nos intérêts corporatifs, — nous eûmes, dis-je, contre nous quelques camarades ouvriers trop préoccupés peut-être de réaliser entre tous les travailleurs une égalité contraire, il faut le reconnaître, aux conditions économiques que nous n'avons pas créées mais dont nous subissons les conséquences.

Et notre amendement fut repoussé pour faire place à un

amendement de notre collègue M. Moreau, portant que l'indemnité en cas de renvoi sans motif légitime ne pourrait être inférieure à une journée de salaire ou traitement pour chaque mois de service. Mis aux voix cet amendement, qui mettait employés et ouvriers sur un pied d'égalité absolu, fut repoussé par 25 voix contre 24.

Finalement le Conseil adopta par 26 voix contre 24 un amendement de MM. Charles Gide et Arthur Fontaine.

« Pour la fixation de l'indemnité à allouer, le juge devra prendre pour base d'évaluation normale, *toutes les fois que le chiffre du préjudice ne pourra être établi*, le taux d'un jour de salaire pour chaque mois de travail accompli dans l'établissement, toutes réserves faites pour le droit pouvant résulter d'une pension de retraite ».

Il y a loin sans doute de ce texte imprécis, restrictif, uniforme, à notre amendement. Qu'importe ! La question du minimum d'indemnité a été admise. L'idée d'une appréciation plus équitable du préjudice cause à l'employé a été posée. Elle germera. Le législateur de demain qui lira les débats du C. S. T. ne pourra manquer de l'envisager. Rien ne prouve qu'il n'admette pas, tout bien pesé, qu'à une situation particulièrement précaire comme la nôtre la loi ne doive apporter une protection plus étendue, plus efficace.

On remarquera en outre que le texte voté ne résout pas la question si importante des droits à une pension de retraite.

Le Conseil avait, cependant, examiné la situation faite par le congédiement au travailleur lié à une caisse de retraites au double point de vue des droits acquis et des verséments effectives.

M. Raoul Jay avait provoqué la discussion en formulant le texte suivant :

« La rupture du contrat laisse subsister, nonobstant convention contraire, les droits éventuels acquis par l'employé à raison de sa participation à une caisse de retraites, quel que soit d'ailleurs le mode d'alimentation de cette caisse.

« Un décret d'administration publique déterminera le mode de liquidation de ces droits éventuels ».

Ce texte fut vivement combattu. Tous les orateurs se plurent à constater que la question était délicate. M. Paulet, le distingué directeur de l'Assurance et de la Prévoyance sociales au Ministère du Commerce, fit au Conseil un exposé précis et documenté de la situation des caisses de retraites privées, et condamna le caractère immoral des tontines, point sur lequel patrons et ouvriers furent d'accord. Enfin, après une longue et intéressante discussion le Conseil décida de n'insérer dans le projet de loi aucun texte définitif mais adopta, à titre de motion, le vœu suivant présenté par MM. Raoul Jay, Mussat et Besse :

« Le Conseil Supérieur du Travail,

« Considérant que certaines organisations de retraites peuvent entraîner la perte de droits légitimement acquis et compromettre la liberté de l'employé,

« Appelle sur la question l'attention du Gouvernement et du Parlément ».

Puisse ce vœu platonique provoquer une enquête devenue nécessaire et aboutir à une loi qui sauvegarde les intérêts de tous les déposants pour lesquels si la retraite est quelquefois un leurre, le versement est toujours une réalité et trop souvent une obligation.

VII

Ces questions une fois réglées, la tâche du Conseil était terminée. Aussi les articles suivants proposés par la Commission permanente furent-ils adoptés sans débats.

« Les parties ne peuvent renoncer à l'avance au droit éventuel de demander des dommages-intérêts en vertu des dispositions du présent article.

« Les contestations auxquelles pourra donner lieu l'application des paragraphes précédents, lorsquelles seront portées devant les tribunaux civils et devant les cours d'appel, seront instruites comme affaires sommaires et jugées d'urgence ».

On vota ensuite l'amendement suivant mis aux voix par division :

« Quelle que soit la juridiction, l'assistance judiciaire est de droit pour l'ouvrier ou l'employé, qu'il soit demandeur ou défendeur (adopté par 26 voix contre 21), lorsque le salaire ne dépassera pas 3.000 fr. par an (adopté par 17 voix contre 3, sur 20 suffrages exprimés). L'ouvrier aura toujours le droit de choisir son avocat » (adopté par 25 voix sur 25 suffrages exprimés).

Après échange de vues entre MM. Isaac et Touron, l'amendement suivant, présenté par M. Isaac, est adopté par 33 voix sur 33 suffrages exprimés :

« L'assistance judiciaire est également de droit pour les employeurs dont les cotes personnelle, mobilière et de patente ne dépassent pas 100 fr. au principal ».

Telles sont, brièvement exposées, les modifications introduites par le Conseil supérieur à l'article 1780 et aux conditions de résiliation du contrat de travail. Elles constituent, à tout prendre, une réforme profonde. Le patron, il est vrai, ne devra l'indemnité que si le juge estime que le renvoi a été abusif. D'autre part, la loi étant d'application générale atteindra l'ouvrier comme le patron, alors que dans la réalité la résiliation du contrat par l'ouvrier cause généralement un préjudice moindre au patron. Mais il appartiendra au législateur de demain d'aller plus avant dans la voie indiquée par le Conseil et de réaliser, au lieu d'une simple modification à un article du Code civil, une véritable loi de protection ouvrière.

ANGERS. — IMP. A. BURDIN ET Cie, 4, RUE GARNIER

www.ingramcontent.com/pod-product-compliance
Lightning Source LLC
Chambersburg PA
CBHW062319070726
47596CB00009B/2372